JN410255

만인시인선·59

신비한 저녁이 오다

강문숙 시집

신비한 저녁이 오다

만인사

자서

네 번째 시집을 엮는다.
또 말에 빚진다.
'또'라는 말에는 뒤끝이 있다.
잡고 늘어져 쉽게 놓지 않는
내 생의 단애가 오롯이 담겨 있다.

난분분 흩날리는 벚꽃눈 맞으며
나는 무얼 그리 오래 기다렸는지
사소한 것들이 뿜어내는 간절함 앞에서
또 얼마나 떨렸었는지
내 詩는, 그 신비한 저녁이 오고 있는 것을
응시하는 눈빛이다.

2017년 늦봄

차 례

2

차 례

4

| 해설 |

1

산책

문 닫힌 미술 광장,
천지간 고요 속에 흰빛 끌고 오는 그림자만 가득하다
그저 자박자박 발걸음 옮기다가 멈춰서는 사뿐한 발치에
소소한 비명소리, 달개비꽃 그림자가 반쯤 발등 덮을 뿐이다
조용한 산책이 끝나고 오래된 벚나무 아래, 구름 의자 당겨놓고 앉는다
자꾸 달아나는 마음 한쪽을 다스리는 중인지
지척을 바라보면서도 눈빛부터 멀어지는 참 애잔한 그 여자
해질 녘, 노을 걸어놓고서야
또 가야 할 먼 길 생각난 듯 손수건 접고 일어선다

마음의 집은 늘 흰빛이다

하루

하루가 참 짧다, 생각하다가도
돌이켜보면 꽤 길다

해 뜨고 해 지는 일 어디 만만한 순례길인가

꽃잎을 여느라, 모란은
한나절 얼마나 용을 써댔을 테고, 구름은 또
동에서 서으로 발이 부르트도록 건넜을 것이었다

그대에게로 가는 길
손끝 닿을 듯 지척이다 싶다가도
아직 너무 멀어 반도 못 왔다

하루 해 저리도 중천인데
사람들은 자꾸만
짧다, 짧다, 헛꽃 피우듯 중얼거린다

양파

울음에도 냄새가 있다

땅심 모아 모아 풀었다 움켰다 몇 날 몇 밤

옹이진 그 단호함에서 풍겨져 나오는

매운 향기 가득한 저 들판

어찌 맨발로 지나가야 하나

이른 아침, 뒷목이 뻐근하다

밤새 저것들의 낭자한 곡성이 내 몸을 건너갔구나

생의 매운 향기 몸 밖에서 만나다

나무, 당신

이른 새벽 푸르스름한 잔가지들도 하품하더라
어두운 밤 공중으로, 나무들
슬며시 뿌리 뻗어볼 때는 별들이 유난하지
뿌리 가까이에 누울수록 그 나무 잘 보이는 것도 알았다

한동안 나는, 사람보다
나무들을 더 많이 만나며 살았다

말없이 말하는 법 가르치는 오래된 소나무 얕은 개천이 민망한 미루나무 스치는 바람에도 안절부절 은사시나무 안개 공장을 차린 백양나무 제 것 다 주고도 천덕꾸러기 아카시나무 이쁜 이름값에 모자라는 물푸레나무 떫은 내 생을 우려내고 싶은 상수리나무 옻나무'너는 의젓한 고아 같구나'* 노 시인이 쓰다듬던 느티나무, 나무들……

그러는 중에 잊었다고 생각했다

사람의 일들을 모르는 듯
언제 당신이 내 안에 있었냐는 듯

이제 태풍이 와도 끄떡없겠다 싶던 즈음
양철 같은 내 잠결에
문득, 내게로 쓰러지는 나무 하나

---

*황동규 시인의 시에서 인용

구름 의자

구미 지나 선산 가는 길은
풋풋하다, 푸른 유리병처럼 투명하다
천천히 바퀴를 밀며 나아가는 길들
꼬마가 돌아앉아 손짓하는
검정 에스엠 파이브 뒤에
돼지떼들 겔겔겔, 겔로퍼 기를 쓰고 간다
하얀 카니발 앞세우고 가던
구팔년형 은색 소나타 멈칫, 한다

어라, 의자가 날아가네
흔들흔들, 의자가 허공에 뜬다
아슬아슬, 가로수 잎들 스친다
휘휘, 휘파람 불며 들판을 가로지른다
다릴 꼬고 앉아서, 구름 의자
길게 담배 연기 내뿜는다

돈 워리 비 해피!

남루한 세간살이로 가벼워진
이삿짐 트럭이 덜컹거리며 국도를 달린다
어디엔가 다시 머물러야 할 각오로
단호해진 가장의 옆얼굴을, 뜨겁게
가로수들이 혓바닥으로 핥고 있다

허공에서 네 다리가 버둥거리는
의자를, 구름이 한입 덥석 베어 문다
뭉게뭉게 부풀어 오르며
푸르름의 중심에서 구름의자 흐른다

오지항아리

나는 기다렸다
먼 데서 오는 소식 기다리는 것이 아니라
소식이 온다는 걸 기다렸다
누군가를 기다리는 것이 아니라
기다리는 나를 기다렸다

잘 익은 술 단지는 아니라 해도
엷은 떫은 맛이 도는
간장 항아리쯤은 되기를 기다렸다

비 개인 여름 하늘을
한껏 들여놓으려고
있는 대로, 입 째지게 벌린 죄
이리도 큰 줄 모르는
그래서 다시 입 다물 줄도 모르는
바보 오지항아리처럼

그 죄를 받느라

오늘도 또 기다리고 기다린다
한 오십 년, 그러다 보니
이제 나는 무엇을 기다리는지 잊어버리고
자꾸 무언가 그냥 기다리면
채워진다, 착각하고 있는지도 모른다

뉘엿뉘엿

해 떨어지는 저녁
마을은 모퉁이에서부터 눈꺼풀 닫는다

우두커니 마당가에 서 있던 늙은 감나무
막 주황색 노을 받아들이기 시작하는 열매들에게
가만가만 속삭이고 있다

괜찮아, 곧 어둠이 올 거야
저문다는 것은 제 속의 불 켤 시간이 되었다는 거야
진짜 환한 빛은 가슴속에서부터 켜지는 불이지

천천히 기차가 지나가는 소리
조금씩 흔들리던 가지들 달래며
그제서야 오래된 감나무는 팔을 내려놓는다

내 생이 그러했다
눈앞이 캄캄해질 때마다 가만가만 다독여주던
안 보이는 그 손

내 뒤에 누가 있었나
그가 내 등을 만진다, 따스하다

신비한 저녁이 오다

저녁이 수상하다
설레거나 절망적인 것도 아니다
구석마다 적막의 아우라가 펼쳐지는
저 풍경은 낯설지만 익숙하다

신비한 저녁이다. 아이들의 목소리와 길고양이의 울음소리가 뒤섞여 가는 해를 주춤거리게 한다. 간혹 신생의 울음이 창문으로 새어 나올 뿐, 이곳에서 늙은 죽음이란 대개 가려지고 만다. 신도시의 어둠은 애매모호하게 내린다. 해가 지지 않을지도 모른다는 생각이 들자 얕은 소름이 돋는다. 울타리 너머 옥수수가 시퍼렇게 자라고 있는 맞은편엔 밤이 되어도 어둡지 않은, 도무지 사람 냄새라고는 나지 않는 오피스텔이 무표정하게 서 있다. 저마다 개를 데리고 나와 알 수 없는 언어가 뒤섞이며 저녁의 무늬를 만든다. 모자이크 처리가 된 화면을 보는 것 같다. 젊은 여자가 대부분이지만 간혹 불혹을 바라보는 남자의 까칠한 수염도 보인다. 두 마리의 개를 끌고서.

그들은 경우에 따라서는 갑이기도 하고 을이기도 하다. 자유로운 듯하지만 무엇엔가 쫓기는 닥터 라비크를 닮아 있다. 정체성이 모호한 이 도시의 사람들은 무엇으로 살까. 곧 어둠이 내릴 것이 분명한데 포켓공원은 점점 사람들로 붐빈다. 공원의 나무들은 서로의 등을 쓰다듬으며 일몰이 겹쳐지는 때를 기다린다.

신비함이란, 불안과 두려움이 뒤섞인
모호한 평화의 저녁과 같은 말이다

겨우살이

겨울나무 우듬지, 하늘 가장 가까운 숨결
허공에서 흔들리다가 끝내 저희끼리 껴안고 잠드는
목숨들이 있다

누군가는 기생이라 말하지만 하필, 그 춥고 외로운
꼭대기인가
겨우 살았다는 것인지 겨울을 옹골차게 살아냈다는
것인지, 겨우살이

생애 가장 추운 꼭대기에서 태어나
어금니가 파란 새끼들이 세상에 오롯한 새처럼 오그
리고 있다가

雪山의 눈꽃들이 쟁강쟁강 저희끼리 부딪는 소리 밤
새 들렸을 것이다
그 소리들의 두근거림 때문에 때로 살고 싶어진다는
걸 나는 안다

오랜 시간 뜨거운 열기가 그 몸을 들락거리다가 토해내기를 또 여러 번
가무스름하고 딱딱해진 잔뼈들 그 눈빛의 적막을 읽어내는 일은 쉽지 않다

九烝九脯라니
生이란, 아홉 번 흘렸던 눈물 아홉 번 마른 후에야 쓰디쓴 보석으로 남는 거라는
겨울나무의 경전, 아릿한 눈물 맛이다

비단거미

검객 하나가 시멘트 바닥에 딱 엎드려 있다
이제 점액질의 실 뽑아내는 걸 포기했는지, 작은 공벌레가
툭툭 건드려도 꼼짝 않는다
가끔 안간힘으로 뽑아낼 때도 있었으나
독소 머금은 연기마저 뿜어져 나와 제 스스로 힘겨워했다

그래도 오늘은 너무 조용하다 미동도 않는다, 어쩌면
그동안 제 속을 다 파먹은 빈 껍데기로 남았을까
아니면, 저 바닥을 이탈하는 순간
산산이 부서져질 것 같아 두려움에 떨고 있는 걸까

햇살 가득한 마당 푸른 호두나무 가지는
이제 내 것이 아니야, 체념하며
속히 어둠이 내리기를 기다리고 있는지도 모른다
집게손가락으로 들어 올리니 화르르, 부서져 내리는 비단거미

기어이 속병이 도졌다
투명한 몸속으로 울음을 밀어넣고 있는 중이다, 나는

귀뚜라미

귀뚜라미는 날개가 책이어서 매일 밤 가을 읽는데
나는 책 한 권 읽지 못하고 가을을 탕진했다

아찔한 비렁길 걷다가 겨우 돌아와 창을 연다
귀뚜라미 한 마리 죽어 있다
두 다리 쭈욱 뻗은 채, 소슬한 바람에도 몸이 통째로 흔들린다
그는 책을 다 읽기도 전에, 가을이 다 가기도 전에
그만 목숨을 다한 것이다

읽다가 덮어둔 책장을 펼친다, 다시
가을비 부슬부슬 긴 활자를 긋는다
눈이 아파 책장 덮는다, 나는 아직 멀었다

가을을 덮는다
그해 가을은 온통 절벽 같은 문장으로 피칠갑이었다

동백, 조문

모가지가 툭, 떨어지자
난데없이 해파랑 둘레길 환해진다

바닷바람이 서녘 하늘을
짠 혓바닥으로 핥는 동안
종종걸음으로 다가와 어느새
부은 내 발등 덮는 저녁는개

동백꽃 앞에 서성이며 조문하는 사람들
둘레길을 걷는다는 건
죽음의 언저리 맴돈다는 걸 몰랐다

꽃 피기 직전의 떨림 오래 붙잡지 못하고
끝내는 떨어지면서
그 습습한 생의 짠맛 풍기고야 말 것이지만

오늘은 징하게 붉다, 저 동백

어두워지다

마른 가지에 엎드린 거미처럼
저녁이 오고

마당 한 귀퉁이
오래된 감나무 어두워진다

바지랑대로 감 따던 남자
평생 노숙이던 생의 끝자락도 어두워진다

허공으로 발 뻗던 가지 끝에
옹이처럼 박히는 별

저 어두워지는 것들의 마음 안에 엎드려
나는, 오래 그렁그렁해진다

2

이른 봄 나무

가시를 펼쳐, 꽝꽝 언 하늘 움켜쥔 채
이상 한파의 등고선에 걸린 저 가시나무

언제쯤 햇살 풀어놓을 것인가
그렇게 지극한 사랑 있기나 할까, 했는데

간절함으로 조금씩 뻗어 나가던 나뭇가지 끝
물관부에 반짝, 스치는 것도 같은
누가 다녀가셨나

침묵의 무게만큼 환한 아우성
저렇게 당당한 이유 있었다, 겨울나무들
저 단단한 고요의 속내
다시 꽃 피우려는 격한 다짐이었던 거다

민들레, 콤지로이드, 노란색

2월, 나뭇가지들 언 손가락이 부풀기 직전이다
길모퉁이 돌아서 부는 바람 아직 짱짱하다
주춤거리던 햇살 담장 넘다가 민들레 노란 속꽃잎에 발 걸린다

언제부턴가 노란색만 보면 속이 쟁글쟁글 거린다
꽤 긴 시간을 노랗게 건너왔다, 또 건너가야 한다
콤지로이드 노란 알약이 목에 걸릴 땐 민들레 꽃술 냄새가 올라왔다

민들레 속잎을 막 뒤집다가
담장 넘는 바람 울컥, 노란 물 게워낸다
알고 보면 바람도 저 노란색에 발목 잡힌지 꽤 오래다

아직은 그림자 없는

입 안이 다 헐었다, 꽉 다문 입술처럼 골목은 단호하다
좀처럼 닿지 않던 햇살이 발끝 들이밀다가
바람의 어금니에 물려 새파랗게 질린다

때마침 불어온 바람은 숲의 빗장 흔들다가 사라진다
나무의 휘어진 가지에서부터 각질 벗기며 봄은 올 것이다

나무들도 물렁하게 풀리는 햇살 베어 물었는지
자국마다 돋아날 꽃자리의 기미를 읽는다

시시각각 공기는 부풀어
마당을 푸른 공중으로 들어 올리고 말 것이지만

아직은 그림자 없는 무서운 시간이다

봄, 붉어지다

봄날에는, 여자에게 어딜 가느냐고
묻지 않는 거란다
어디 가서 무얼 하느냐고도
물으면 더더구나 안 된단다
한바탕 낄낄대기도 하고
십중팔구는 지키지도 못할 계획
심각하게 짜기도 하다가
마른 손 비비며 돌아서는 저 중년의 어깨들
반쯤은 지워지는 얼굴 사이, 쟁쟁
애꿎은 귀만 붉어졌다
먼 산 어느 골짜기 타고
진달래 군단이 북상하는 중인지
밤인데도 하늘 한쪽이 불그스름하게 물든다
단단히 채워두었던 지퍼 열고
가방을 챙겨야겠다
봄날에는 미루지 않는 거란다

당신에게로 가는 일에 핑계 대지 않겠다

산수유

이른 봄 햇살에 데인 물집이 환하다
저 쓰라림의 겨울을, 먼저
건너간 당신이 만든 물의 집
노랗게 조용히 궐기하고 있다가
말갛게 물이 잡힌 그 흉터마다
꽃 피겠다, 아린 꽃 피어선
울렁거리며 노랗게 봄날 깊어가겠다
나는 이제, 지척인 듯
이 봄을 건너 당신에게로 가야겠다

환한 막간

곡우 근처, 여러 날 비 내린다

꽃이 가고, 이제 열매 오려나 보다
간혹 햇살이 얼굴 내밀다 말고
담장에 걸려 곤두박질칠 때는 환한 幕間이다

나무의 존재 이유는 꽃 피우기 위함이 아니라
결국, 열매의 입으로 말하는 것이라면

비야, 내려라
온몸으로 젖어주마

세상에 젖지 않는 나무란 없다

잠시라도 화관을 얹어 달콤했으니
드디어 생살 찢어 열매 앉힐 생각으로
겨드랑이 안쪽부터 팽팽하게, 부풀기도 한다

모두 다 초록이지만 전부 초록은 아닌데
나무는 다만, 작은 잎새마다 살뜰한 우주를 담고 골똘해진다

이른 아침 수목원에는
비가 오는데도 자꾸 비가 내려 더 젖으라 한다

초록 문중에 들다

그 숲에는 초록이 초록을 안고 달린다
달리다 머뭇거리는 지점에 자욱하게 장맛비 쏟아진다

온통 빽빽한 초록의 門中

사계절 깊은 초록의 곡진함에 소나무는 굽은 등 편다
그 곁에서 감히 상수리나무 초록은 들뜨지 않으면서 짙어간다
은초록을 입고 있는 자작나무 잎들 먼 손짓은 높은 허공을 향해
작은 바람에도 개별적으로 흔들린다

그 흔들림의 중심에는 초록이 있어 천지간에 휘갈겨 쓴 붓질장서다

내리꽂히는 바늘을 피해 초록은 몰려가도 제자리다
여름비를 霖雨라 불렀던 이유가 분명해진다

몰래 날개 털며 우기를 견디는 숲새들
내 속에 빽빽하던 말들도 바깥으로 나오려는지 신열 앓던 지난 밤

저 숲의 나무들에게 무슨 형용사가 필요하겠나
그저 초록 초록 일가를 이루고 있다가 나리꽂히는 빗줄기에 젖다가
반짝, 햇살 쏟아질 때면 몸 뒤틀어 물기를 터는

저, 초록 서사시

무창포 가는 길은

늘 검은 색의 기둥에 비스듬히 기댄 당신에게 몇 자 쓰는 신새벽
사월 끄트머리, 떨어지지 않는 발길처럼 주저주저 비가 내렸던가

무창포 가는 길은
아스라하다, 까무룩 하다, 접히다, 펼쳐지다, 어룽지다, 불현듯 나타나다

옅은 초록은 어둠 뒤의 돌담처럼
늘 검은색의 깃 웅크린 당신의 목덜미에 소스라치듯 돋아난다

깊어가는 무창포의 실루엣은 문득 스친 낯선 여자의 머릿결처럼 차르륵거린다

긴 팔을 뻗어 검은 돌섬 어루만지는 안개
성긴 집들의 까무룩 닫히는 눈꺼풀 사이 포구 넘어

거기, 초록이 오고 있었다

땡볕 寺院

참 빽빽하다, 이 여름

가로수들 비장한 녹색 숨결이 그렇고
나뭇가지에 붙어서 악을 써대는
매미들의 가쁜 울음소리가 그렇다

바람은 불지 않았고, 촘촘한 햇살이
피라미 한 마리도 놓칠 수 없다는 듯
완강하게 그물을 드리우고 있다

천천히 길을 걷는 저 등뼈에 내리꽂히는
따가운 말들의 세례
여름 땡볕은 차라리 고행이다

제 몸의 물기마저 다 내어주고
한 점 그늘이 되려는 생애의 刹那
희고 커다란 손이
투명한 성채 하나 들어 올린다

달팽이, 길고도 느린 길이 풀린다

여러 날 비 내리고

멀리서도 가까이서도 아득하다
여러 날 비 내리는 척포
지붕 끝에서 먼저 젖고 있던 낚시점 간판이
저 혼자 골똘하다

바다 낚시꾼과 비진도 지는 해 보러온 사람들 몇몇, 뼈 없는 말들만 오고 간다 주인인지 객인지 경계가 없다 커다란 항아리에 가득 채워놓은 냉커피는 공짜다 얼음 띄운 종이컵이 흘리는 땀은 바다로 스며든다

희멀끔한 낚싯배 타이슨 피싱 클럽과 해녀 민박집 돌담 아래 물봉선화 마주 보고 키득거린다 해무가 내려와 방죽 끄트머리를 지울 무렵, 민박집 창문 꽃무늬 커튼이 바다를 덮는다
모르는 척, 척포는 눅눅한 이불 끌어당긴다

비는 한사흘 더 올 것이라는 일기예보에도 딱히 서두르지 않는다 언제든 와서 젖은 발 쑤욱 들이밀어도 받

아줄 거 같은 비진도 사랑방엔 모두가 낯익고 모두 낯설다 토박이 가게 주인도 섞여 앉으면 영락없는 손님이다

살구나무 아래서

바람이 차갑다, 立冬
푸른 방송 별관 지혜의 숲 한 귀퉁이를
지그시 누르고 있는 살구나무 엷은 그림자

오래전, 가만히 살구를 쥐어주던 손바닥 같은
쟁강쟁강, 얇은 놋쇠 종소리 같은
작은 잎들 가만히 흔들어댄다

살구나무 아래로 세상 모든 저녁이 다 내려앉는다
살구나무 실루엣이 저녁 불빛처럼, 고요히
환해지다가 닫히기를 반복한다

살구나무 아래 서면, 누구나 아스라해지는지
방금도 어떤 남자 둘이 소소한 발걸음 풀어놓다가
그냥 한참씩 나무의 우듬지 눈으로 더듬다가
괜히 어깨를 으쓱거려 본다

살구나무 잎들은 살색이다

살구색은 아득한 거리에서 손짓하는
마음으로 읽어내는 소리다

11월, 우륵

지극한 마음 추스려 우륵 간다
겨울 초입에 다다라서야, 비로소
사라지는 것들에도 빛이 있다는 걸 알겠다

산 너머 굽이 돌 때마다
그 빛은 있는 힘 다해 등을 어루만진다
해마다 그 자리는 먼저 추워서
새들도 서둘러 제집으로 들어가 문을 닫는다

저만치 앞선 이의 어깨는 적막하여
말을 걸까 하다가 그만둔다

무슨 소리 들렸는지 그가 한번 돌아보았고
바람의 마른 혀를 빌려
스무 해 전의 어투로 내게 말 걸어온다

저녁이 와서 가만히 나무의 등을 껴안는다
사소한 흔들림에도 손을 놓치는 마른 잎들

뚜둥,
먼 기억낭의 열한 번째 줄 낮은 음계 밟고
어두워져 가는 숲에서 가얏고 소리가 났다

小雪 지난 우륵, 그곳엔 과거와 미래가 한몸이다

바다 책장

겨울 채석강, 책장 넘기는 소리 분분한 밤. 파도는 행간을 자꾸 지우는데 무언가 읽어보고야 말겠다는 각오를 다지듯 일몰에 먼저 젖었던 옷자락 아랑곳하지 않고 사람들, 문장 속으로 걸어 들어간다

젖은 책장 겨우 떼어내며 해풍에 내어 말리는 일 쉽지 않았을 것이다 김다발처럼 너무 말라서 바삭거리거나 해감이 달라붙은 몇 페이지는 얼룩이 져서 맥이 뚝, 끊긴 읽다만 책이 빼곡하다

반생의 쓰다만 책 한 권, 여기 또 있다 끈질긴 투병의 시간 더듬어 보면 온통 멍투성이였지 언젠가는 그 상처 위에 꽃 피울 날 있을 거라 믿었지 덜컹거리며 반나절을 달려와서야 엑스레이 찍히듯, 내 늑골까지 환하게 읽히고 마는

걸어온 길 다 지우고 새로 쓰라는 건지, 앞으로 써야 할 문장들 저 짠 바닷물이라도 찍어서 쓰라는 건지 발

목까지 어느새 밀려드는 물결

책으로 가득 찬 저 검은 바다 앞에서 나는, 일몰처럼 붉어지는 간절함으로 무릎 꿇고 싶어진다

섬 풀처럼, 말에도

'방아섬에 방아가 없다' 말하면
누군가 또 그 말장난이냐 하겠지요

살 도타운 섬 풀처럼, 말에도
내 정신의 비장함이 늑골마다 서려 있어
한 걸음 내딛을 때마다 섬의 관절들 삐걱거려선
기대했던 참 뜨거운 소리 아니라고 투덜거리는
나는, 말로 바다를 만나려고 했나 봅니다

(하필, 오래 벌러왔던 봄 여행이 방아섬이어서 달이 뜨면 불끈 솟아오르는 큰 섬 작은 섬들 불러내 땀나게 쿵덕쿵덕 방아질하는 그 소릴 들었으면 했을 뿐, 그러다가 끝내는 나도 홧홧해지고 싶었을 뿐)

말을 버리자,

반쯤 얼굴 가린 달이 바다의 둥근 젖가슴을 빨고 있습니다

3

역린

逆鱗, 거꾸로 박힌 비늘이라니…… 가지런히 누워 있는 수많은 은색 비늘 사이에, 내심 반란을 꿈꾸며 물결을 거스르며 호시탐탐 기회를 노리는 당찬 녀석이 있다는 말이다
갑자기 나는 짜릿한 애교를 느끼며 흥분한다 하다못해 냉동고에 꽁꽁 언 조기를 꺼내서라도 찾아내고 싶은 충동에 몸을 떤다

왜 이렇게 길이 굽은 거야, 거꾸로 박힌 활자처럼 이가 맞지 않는 톱니바퀴처럼 왜 이렇게 내 생이 자꾸만 삐걱거리는 거야, 그냥 얌전히 걸어가게 놔두면 될 것을 누가 내 발목을 걸어 엉덩방아 찧게 하는 거야,

나는 안다, 生이여 내게도 그런 까시래기가 있어 너를 사랑하게 된다는 것을, 수많은 다른 비늘들 상처 입어 찢겨나간다 해도 나는 한 번쯤 내 생의 물살을 거슬러 가보고 싶은 거다 내 속에 단 한 개만 장전하고 있는 뜨거운 총알로 너의 관자놀이를 명중시키고 싶은 거다

저녁에 부르다

저녁에 누군가의 이름을 부르는 일은 애처롭고도 따뜻하다
새들도 제 식구의 이름 부르는지 젖은 갈대숲이 수런거린다

가만히 기대어 내 마음의 숨 깊이 그에게 불어 넣고
탱탱해지며, 어스름 깃든 숲처럼 부풀고 싶다는 거다

그 숲에서 잠든 벌레들과 어깨 내려놓은 작은 들꽃 만나
알 수 없는 벅참으로 정지했던 행간, 오래 유지하고 싶다는 거다

어두워질 때 누군가의 이름 부르는 일은
등불을 켤 시간이 오듯이 그가 내게로 와서 등불이 된다는 거다

문득 저녁에 낯선 별이 뜨는 것은, 어디선가

글썽이며 내 마음 더듬던 그가 눈물 흘리고 있다는 전언이다

생일

그날은 내가 드디어 엄마를 낳은 날이다 내 우주에 없던 존재가 그날 비로소 내 주름투성이 얼굴을 내려다 보다가 땀에 흠뻑 젖은 채 단내 나는 입술을 내 볼에 가만히 대었으리라

나는 피 묻은 그녀의 가랑이 사이에서 갑자기 엄습해 오는 세계에 대한 두려움으로 온 힘 다해 울음 토해내 다가 가까스로 그녀의 의식 속에 자리 잡았으리라

그때부터, 기쁨과 고통이 뒤섞인 고단한 그녀의 삶이 내게로 오기 시작했다 그전에는 내게 그녀가 없었다. 그녀의 고통도 그녀의 간간이 바람처럼 스치던 기쁨의 순간도 나는 모른다. 해마다 그맘때쯤 되면 아랫배가 뒤틀리고 허벅지 안쪽이 아릿하게 통증을 느낀다는 걸로 증명된다. 생일이구나.

미역국 먹는 엄마의 얼굴이 땀에 젖어 번들거린다. 마치 방금 나온 태아의 그것처럼 미끈거리는 미역줄기 꾸역꾸역 삼키고 있다. 방금전까지만 해도 엄마는 부끄러

움도 모른 채 아랫도리 다 내놓고 태아처럼 울부짖고 있었는데

세상에 태어나는 일, 세상 살아가는 일 다 그렇게 이 악물고 시작되는 일이라는 걸 이미 그때 눈치챘어야 했다

죽을 뻔 하고 낳아준 애미에게 효도해라 외할머니는 다짐한다 하지만 꿈에도 모르던 한 여자의 생이 시작되는 걸 본 내가 엄마를 낳은 것이다 그날은 내가 이 우주를 낳은 날이기도 하다

나와 엄마와 우주, 서로에게 생일이란 동일한 사건이다

무게에 대하여

온천 간다. 아흔을 바라보는 아버지, 네 해 아래의 어머니, 두 살 터울로 여든 지나 앞서거니 뒤서거니 걸어가는 왕고모 둘, 거기다 만만찮은 내 나이도 보태니 합이 삼백아흔셋

십사만삼천사백사십오일, 삼백사십사만이천육백팔십시간이 씹고, 뜯고, 맛보고, 삭힌 가죽 부대는 온통 주름투성이다

무게란 물질이 물리적인 힘에 의해 수용되어지는 것만큼의 양인데

왜 이리 가벼운가. 켜켜이 어깨에 내려앉던 그 많은 세월의 무게 다 어디에 두고 하얗게 바스러져 가는 누에고치처럼 빈속 쓰다듬으며, 쿨렁이는 바퀴 위에서 저리 쉽게 흔들리는가

읍사무소에서 나눠준 경로목욕 티켓 빨간딱지의 무

게는 과분한 대접을 받는다. 그래도 이게 어디냐고 세상 참 살기 좋아졌다며 김 서린 탕 속으로 들어간다

—점심은 제가 살게요, 괜한 헛돈 쓰지 마라 손사래 치며 한사코 마다하시더니 널찍한 온천 뷔페식당 햇볕 따스한 창가에 합죽한 웃음 부려놓고 실눈을 뜬다

나이 먹는다는 건 수북하던 접시를 천천히 비우는 일, 오늘 식탁 위에 놓인 하얀 접시 저 여백의 무게가 참 환하다

고요한 그릇

의자는 그릇이다, 흔들리면서 누군가의 몸을 담는다

그저 겸손히 받아들이면서 그의 생을 한순간 안아보는 것인데
설레임보다는 예고 없이 쿵, 떨어지는 심장 같은 것일 때가 많다

한 생이 담겨진다는 것은 희로애락의 지난한 은유일 뿐
오랜 시간 흘러왔을 내밀한 그리움과 고독, 또는
숨 가쁘게 걸어왔던 순간들이 버무려져 의자는 보이지 않게 우묵해진다

삐걱삐걱삐걱, 그래그래그래(여자도 오랫동안 그릇이었으니)

저 소리는 한 생의 무게를 다 읽어낸 흐느낌이 배어 있는 그릇이

마음의 흔들림을 빙자하여 제 속에 고인 울음을 다스리려는 방편이 아닐까

저녁이 되는 것도 모르는 채 흔들의자와 여자는 오롯이 한 몸이다
한 생을 다한다는 것의 숭고함이란 누군가의 몸을 담아 보아야 안다

한 때 아이를 담고 있던 그 여자의 자궁처럼, 의자는
거실 한 귀퉁이에서 비스듬한 자세로 고요하게 어두워진다

고드름

한밤중에 느닷없는 통증, 필시 심장 근처에 있던 나의 혈관을 그에게 내어주었기에 한 번씩 그 피가 뜨거워질 때의 생리 주기가 돌아오는 모양이다

구절양장 내 안을 흐르다가, 어느 겨울 아침 창을 열었을 때
하늘의 기울기로 단호하게 빗금 치며 배반을 꿈꾸는 물의 결정

내 몸은 글썽이며 빗금 따라 뜨겁게 꿈틀대다가 급기야 천 길 낭떠러지로 곤두박질치며
급, 강, 하!

어쩌랴, 그 지극함으로 얼어붙은 몸이 잘게 부서져 저리 투명하게 매달리다니

십이월의 하늘을 처마 밑으로 끌어당겨 한 땀 한 땀 꿰맨 후에야, 안심한 듯

겨울은 두툼한 솜이불 덮고 천천히 깊어간다

그런 밤에 누군가 그립다, 그립다, 되뇌어 보면서 결빙의 고요 속으로 아득해지다가
끝내, 가슴 한복판을 찔린 적 있다

떨어지려는 힘과 솟아오르려는 의지가 결탁하여 빚어낸 저 단호한 말들 사이
얼어붙은 손가락으로 하늘은 깍지 끼고 있다

즐거운 오타

간간이, 학교에서 특강이나 평생교육원 강사를 한 게 전부인 시인에게
조금은 과분하게도 외래교수라는 호칭으로 불릴 때가 있다
어쩌면 은근 즐기기도 했던 터라 얼굴 뜨끈해진 적 왜 없었겠나

이젠 그런 근사한 호칭 없이도 내 존재를 담담하게 말할 수 있을 나이, 오랜만에 어느 작곡가 교수에게서 온 메일 첫머리에
'강문숙 규수님께'

아, 얼마나 환하고 설레이는 호칭인가
그에게는 오타가 분명해서 전송 버튼 누르는 순간 아차! 이마를 쳤겠지만

폭염 끝 한 줄기 가을 닮은 바람맞은 것처럼
오, 짜릿하다, 상쾌하다

불쾌지수의 무거움에서 가벼움으로 순식간에 옮겨준 솜털 같은 말, 규수
'처녀, 또는 학예에 뛰어난 여자를 일컫는'다는 국어사전의 친절한 답 아니어도

아무도 보는 이 없는데 잠깐, 수줍은 듯 백일홍 입술 가리고 웃는다

모서리에 젖다

모서리가 없다, 소리는 스스로 우는 동안 둥글어진 시간을 풀어
귓바퀴에 칭칭 감는다, 소공후

오래 흘러오고 흘러가던 것들의 소슬한 그림자 사이로
낮게 깔리는 시간의 濃
이를테면, 발길 닿지 않는 전시장은 그 소리의 무덤 같은 것

격정의 울음 끝, 무릎을 껴안으면 활처럼 휘어진 등뼈를 타고
내 속에선 잉잉 소리가 났다
누가 손가락 퉁기며 나를 연주하는지 몸에 와 박히는 단조의 상처들

전시장에 찢어진 청바지들이 들어온다
소리의 길 끊어지고 다시 아득해지는 귀, 그 소리의

끝을 감아올리려면
또 한세월 흘러야 하나

애절한 사랑과 운명은 지상에서 단 한 번 첫 떨림
거역할 수 없는 고통의 찰나에도 바리공주는 두려워
않았다지

극에 달한 絃, 그 팽팽함 속에 세상 아름다운 소리들
흘러나온다

아, 저 무너지는 것들

무너지는 것들은 아름답다

이윽고 태양이 서쪽으로 무너질 때 노을은 절정이다
언젠가 내가 가만히, 당신에게로 무너질 때 그 사랑이
절정이었던 것처럼

끌고 왔던 제 무게에 겨워 무너지는 물결은 파도의 끝
없는 노래
연인들은 모래톱에 발자국 찍으며 밤 깊도록 걷다가,
기어이
낮은 지붕 아래서 뜨겁게 무너지고

오래된 나무의 꼿꼿하던 자세가 무너지기 직전에 드
리우는
그늘 속으로, 겨우 발을 들이미는 사람들
생의 가파른 길 위에서 무너지지 않으려 애쓴 흔적
역력하다

절해고도를 넘어가던 바람이 비로소 무너지는 평원에
파르르, 일제히 쏟아지는 별처럼 흔들리는 풀꽃들

글썽이는, 우주의 저 속눈썹 하나
그 눈짓의 의미를 읽어내기 위해 시인은, 기꺼이 무너지는 사람이다

모든 무너지는 것들의 목소리는 간절함으로 이루어지는 것이어서
그 음계는 다만, 낮은음자리에 속한다

눈물에 대해서 묻다

'눈물은 눈 속에 있는 것인가 마음에 있는 것인가'

19C 조선인 심노숭은 서른 살에 아내를 잃고 가슴치다가 질문한다

물이란 위에서 아래로 흐르는 게 이치인데
유독 눈물은 가슴에서 끌어당겨, 끝내
시리고 뜨겁게 뇌관을 타고 올라오는 중에도 오장육부를 오그라지게 하고야 마는

국밥 한 그릇 앞에 두고 낮게 운 적 있다는 남자, 눈물은 왜 짠가*
눈물의 염도는 피의 그것과 같아서 모든 감정의 귀착점인데

*함민복의 글에서 인용.

새벽 3시에 쏟아내는 내 울음이 단애의 마음을 작파하는 율격으로 흔들린다

온 생을 관통하며 다스려져 흘러내리는
눈물은, 한 방울 투명한 경전이다

뜨거운 전립선

구순의 아버지는 손자뻘 되는 청년의 손에 이끌려 삭은 고무공처럼 푸시식거리다가
겨우 70cc도 안 되는 오줌 뽑아내고 일주일이나 드러누우셨다.

보훈 병원 결과 보는 날, 비뇨기과 하얀 노인들 틈에 어쩌다 중년의 남자도 서넛 머뭇머뭇
여자라곤 청반바지에 티셔츠 걸친 나 혼자

민망할 정도로 흘끔거린다. 저 젊은 여자의 성기는 어디가 어떻게 아픈 걸까
발기부전의 의기소침함을 잊고 잠시 위로 받는 순간인 게다

다 비운 링거병처럼 나는 티브이에 매달린다
삭은 전깃줄 뭉치같이 웅크린 노인들, 몰래 한숨을 섞던 간호사 필요 이상의 큰소리로 아버지 이름 부른다

대신 결과 보러 왔는데요
약이 독했는지 소변볼 때마다 별만 보이시더라는데요

병원 대기실 한 귀퉁이 컹컹, 마른기침이 소소한 반란 일으킨다
은밀히 눈빛 잠시 빛내던 저 노인의 실망스러운 표정,
그럼 그렇겠지

한때 뜨거웠던 전립선의 소유자들
만만했던 생의 기억 더듬는 발기부전의 안쓰러운 저 근엄함이여

멍 때리다

뇌가 가장 이상적인 휴면상태로 들어갈 때가 멍 때리는 순간
생각들이 생각 없이 흐르도록 그냥 놔두는 것

88세 시엄니 고스톱 칠 땐 전화도 하지 말라신다
돈 잃을까 노심초사, 오백 원 때문에 판 뒤엎는 일도 다반사
하얗게 삭은 할매들 꾸덕해진 손바닥으로 찰지게, 화투짝 때린다

시내버스 옆구리 게임 광고 문구가 확, 눈에 들어온다
'은근히 힘이 됩니다—피망 맞고'
그 이름도 파릇파릇 아삭한 피망이 어쩌다 고스톱 심벌되었을까

내키지 않는 모임에 다녀오니 머리가 복잡해진다
도무지 못난 사람들이 없다 생각들 헝클어져 현기증이 난다

잔뜩 기가 죽어 축 쳐진 시금치만 씹다가 돌아온 날

멍 때리고 있다

와삭, 와삭, 나도 피망이나 먹어볼까 은근히 힘이 되려나
게임 사이트 깔고 클릭, 클릭, 밤 깊도록 멍 때려 볼까

노래란 그런 것

가톨릭대학병원 라파엘관 영상의학 검사실 길다란 복도엔 찰강찰강 링거병 흔들리는 소리,

교대하는 간호사들 가벼운 단화 소리, 가끔 수녀님과 보호자들 낮은 탄식 도드라지는 저녁 여섯시의 무늬는, 단조로운 양각이다

라파엘라 라파엘라…… 복도 끄트머리에서 들리는 성가, 마흔 후반쯤의 헐렁한 저 여자, 필시 대장암 수술 환자인 거라, 소변 비닐 주머니 덜렁덜렁 장바구니처럼 들고 오는

그녀는 지금 저녁 장 보러 가는 중일까, 저리도 천연덕스럽다니…… 마음의 팔 길게 뻗어 그 곡진함을 어루만진다, 이럴 때 희망고통은 객관적으로 잔인한 축복에 속한다

자박자박 소심하게 내 앞을 지나간다, 나는 옆집 여자처럼 웃어준다, 비닐 주머니 슬쩍 들어 올리며 그녀

도 따라 웃는다, 말려 올라간 카디건 소맷자락 끝에 구차한 생의 보푸라기들 뭉쳐있다

이제 함부로 희망을 노래하지 않겠다, 죽음의 그림자를 떨쳐버릴 수 있기까지 천 번은 울었을 그녀처럼, 자정이 넘은 골목에서 한 남자가 부르던 만단하고도 막막한 단조의 고성방가도, 하루 치의 생을 꾸역꾸역 집어삼켰다가 배설하는 중이었을 터

노래란 그런 것, 무수한 절망과 희망으로 버무려지다가, 엇박자 사이사이 쑤셔 넣은 독한 추임새까지 발효되고 나서야, 이윽고 온 생을 들어 올리며 달팽이관에 도달하는 눈물
그, 뜨거운, 환유다

다시, 비 내리고

새벽, 그쳤다가 다시 내리는 빗줄기

멈추었다가 다시 뜯는 현의 소리
풀었던 옷고름 다시 고쳐 매는 소리

무릎 사이로 젖어 드는 그리움의 산발적인 비명
한번 젖은 풀잎들 다시 젖지 않는다

다시, 비 내리고

나는 겨우 먼 그대가 그립다고 적는다

4

국화차

노란 단추만 한 말린 국화 송이
(손톱만 하다고 쓰려다가 지운다, 뜨거운 물에 손톱을 우려먹다니)

한 점 햇살이, 한 방울 늦가을 서리가, 한 줄 이른 찬바람이
꽃잎 속에 오롯하다, 자욱하다

국화차 앞에 놓고 향기 더듬다가 따가운 손까시래기 본다
물어뜯은 손톱 아래 노란 진물
할애비 따라 꽃 따러갔다던 일곱 살의 가을도 보인다

동그란 유리잔 속 활짝 열리는 노란 국화 한 송이
저 아득한 염화미소 아래, 머뭇머뭇

마른 상처가 꽃으로 피어나는 유일한 텍스트를 마신다, 당신은

나무의 장엄미사

한사코 침묵으로 일관하던 저 직립의 수도사
나무들, 하나씩 하나씩 잎을 버리며 자신의 몸에다
경을 새기는 중이다

푸른빛 내려놓자 붉은 물 담긴 잎들은 낮은 곳으로,
더 낮은 곳으로
돌아가는 길 환하다, 뜨겁다, 그래서 더 아프다

떨어지는 꽃에게도 내생이 있다면 숨소리조차 가뿐한
이 소멸의 따뜻함이여

11월의 숲을 만나면 실오라기 하나도 걸치지 않은 채
홀로 서서
나무들이 집전하는 祭의 소리 들어보라
한 점 살갗조차 무거워 울음 복받친다면 이미 제물의
반열에 든 것

바람도 기꺼이 제 발로 걸어 들어와 늑골 안쪽에서부

터 鉉을 건드리는데

그 소리 계면조에 가까워서 숲은, 온전히 두근거리며 적막한 성전이다

나무에 깃들었던 새들이 제 발자국 지우며 더 높고 먼 곳으로 날아갈 채비를 한다

쉿! 지금 그곳에서는 나무의 장엄미사 중이다

보러 간다

눈꽃열차 눈꽃열차 하다가 겨울 이미 가버렸다
꿈속에서도 푹푹, 눈이 내려 발목까지 쌓이는데 멀리서만 바라보다 깼다

매화열차 매화열차 숨 가쁘게 봄 달려온다
안마당 귀퉁이 어린 청매화 가지 꽃눈 트는데 기특하다 기특하다, 어루만지다가 이 봄마저 놓치겠다

그래, 매화가 매화지 남해 가야만 꽃 보나, 슬며시 어린것에게 미안해져서 수런거리는 마음 지그시 누른다, 그 사이 자잘자잘 몇 닢 꽃이 떨어진다

보러 간다, 눈꽃 보러 간다 매화 보러 간다 산수유 보러 간다 바다 보러 간다, 보러 간다 협곡 열차 타고 단풍 보러 간다, 가슴 뛰는 말
보러 간다, 마음이 제 먼저 대문을 나선다

봐서 뭘 어쩌자는 욕심도 없는데, 가서 살림 차리자

는 것도 아닌데 꿈에도 소원은 널 보러 가는 것, 생각하면 그 막무가내의 열망이 더 무서운 법

나는 날마다 너 보러 가고 싶어 하고, 누구나 보러 가는 거 몇쯤은 있겠는데, 세월 건너는 그 질긴 동안에 한 번쯤은 벼락 치듯이 가서 엎어지고 싶은데

문득 '너'라는 말이 참 지극해질 때가 있다

사랑에 관한 짧은 고찰

여자가 한 남자를 번역한다
그 남자는 여자와, 여자의 문장을 동시에 번역한다

그들의 공통점은 내 마음을 너에게로 보내고
네 몸이 내게로 오게 하는 일이다

단어가 제 궤도를 이탈해 오역할 때도 빈번하다
한 여름인데 눈이 내리고 하늘이 닫힌다. 끝이야!
소리치는 순간이 와도 번역은 아직 유효하다

그들만의 얼굴 가린 언어에 갇히다가, 때로
오역인 줄도 모르고 그 향기에 도취되기도 한다

하지만 침묵은 참을 수 없이 난해한 기호
그 빈혈의 시간을 견딜 수 없어
서로의 무게중심을 고민하는 행간이다, 위험하다

번역하는 동안만이 그들의 시간일 뿐

끝장을 내고서야 암묵적인 유효기간을 산출해내는 아이러니
완벽한 번역은 불가능에 가깝다

사랑은 번역이다

제각각 우레 속의 뇌파로 번역한 눈먼 문장이
툭, 가슴 어디쯤에서 끊어지며 반역할 때까지
서로에게 절벽 같은 꽃을 달아준다

부드러움에 대하여

안경을 잃어버렸다

안경을 끼지 않으니 보이는 것마다 번진다
까칠하던 내 피부도 제법 고와 보인다
스스로에게 예쁘다고 칭찬하다가
자주 부딪치던 모서리도 둥글게 쓰다듬어 준다

뜨겁게 걸어 온 길마다 가시투성이였다
그림자는 덮어주어야 할 것이 있어, 언제나
뒤에서 따라오는데
나는 앞만 보기에도 급급했다
내가 나를 다그치니 세상이 늘 편치 않았지

날카로운 나를 벗으니
아팠던 시간도 둥글게 휘어지며 흐른다

나이 든 기억이란, 대체로 숨겨져 있던 가시 꺼내
오래 따스하게 어루만져 부드럽게 만들기도 하는 것

이어서
　번지는 것에 대해 너그러워지려 하나

　알고 보면 부드러움이란 만만한 게 아니다
　그 안에 잠복해 있는 수많은 가시들
　언제 또 튀어나올지 모른다

다시, 모서리에 대하여

두 개의 직선이 달리다가 마주치며 불꽃 튀는 지점
가까스로 멈춘 모서리에 서리 내리듯 소름 돋는다

모서리는 독화살이어서 찔린 날엔
오뉴월에도 서리 내릴 때가 온 것인지
눈에 핏발 세우며 울다가
그 모서리에 쪼그려 앉아 잠들곤 했다
그런 날이 태반이었다

그런데,
그 모서리 없인 집이 될 수 없다는 게 관건이었다

모서리에 앉지 마라, 할머니 말은 틀렸다
모서리가 나를 살렸다
내 몸속으로 직선의 고통이 관통하고
고독으로 오므라드는 근육의 지점이 모서리였다

모서리는 진리다

세상 모든 경전은 모서리로부터 시작된다
예수도 창끝에 옆구리 찔려 물과 피를 흘렸다
속죄양의 피는 어둡고 뜨겁게 붉었다

그러므로 모서리는 거룩하다
직선의 절박함이 만들어낸 마지막 뜨거운 호흡이다

생활의 발견

어렴풋이, 벽지의 꽃무늬가 드러나기 시작하고
벽에 걸린 그림이나 사물들 윤곽이 서서히 잡혀가는
그 순간의 모호함은 薄明을 닮아 푸르다

꼼짝할 수가 없다, 아직 기척 없는 그러나 분명히 존재하는 그 무엇
살아 있다는 게 다행이기도 하다가 또 불행이기도 한

죽음 직전의 순간이 이러하리라
그 평온함과 불온함이 소리 없이 몸 뒤집으며 딱 붙어 있는 늪

창문 여는 순간, 확 밀려온 햇살들 쨍그랑 빛나고
내 깊은 우물은 가만히 일렁거린다

분명해지던 사물들의 찬란함이 스스로 제 몸의 윤곽을 지울 때까지가
생활이다

그것은 늘 가만히, 라는 말의 모호함으로부터 시작된다

생활은 이런 삶과 죽음의 경계에 서서
소소한 것들의 소리를 귀담아 듣는 일이다

한마디

한마디로 말해봐!

밥 안치다가 왜 가출을 했는지
지가 낳은 새끼를 어떻게 내다 버리고,
그렇게 모질게 목을 매달 수 있었는지

군더더기 없이 한마디로 말해보란다
가슴 아팠던 사정을 말하는 것은 변명이니 그만두고
딱 한마디의 말로 대답하라 다그친다

그렇게 이 한마디, 어이없지 않나
세상에 한마디로 규정지을 수 있는 것은 없다
자지러지는 웃음이 쏟아질 듯 눈물 가두고 있는 것처럼

쑤셔 박힌 긴 시간의 수챗구멍을
한방에 뚫을 수 있다고 트래펑!
뻥치는 세상 한탕, 한 방, 한마디는 무섭다
그 한마디에 살아도 죽고, 죽어서 또 죽는다

사각의 벽들이 점점 거리를 좁혀 오는 밤
돌이킬 수 없이 이제 내 차례다
아득한 창밖으로 내던지고 말 테다

일 미터 육십 센티의 이 한마디
자 받아라!

흐뭇하다

저녁이 흐뭇하다
한쪽으로 기울어지며 아늑해지는 노을빛
구부러진 해변의 모래톱이 흐뭇하다
절망도 희망도 아닌 그저 그렇고 그런 내 마음이
흐뭇하다, 오히려
흐뭇한 것은 여리지만 오래 붙잡고 싶은 것이다
딱딱했던 마음이 왠지 흐물흐물 부질없어질 때
'흐뭇하다'에 발을 들여놓고 있는 순간이다
흐뭇하다, 가만히 발음해보면 마음이 먼저 빗장을 푼다
그런 기미는 입가를 보면 안다
입꼬리가 슬며시 올라가 눈꼬리와 가장 가까워진다
꼬리와 꼬리가 가깝다는 것은 둥글어진다는 것인데
모서리 풀며 서로 손 잡는다는 것인데
희미해지는 저물녘 산등성이처럼
서로에게 등을 내어준다는 것과 같다
흐뭇하다 흐뭇하다 자꾸 되뇌어보면
뾰족했던 내 안의 가시 어느새 흐물흐물해져
삭은 가오리 뼈처럼 입 안에서 녹는다

한낮의 햇살 가파를수록 그 아래 그늘은 흐뭇해져
어둠이 올 때까지 백만 개의 별들을 숨기고 있다

왕버드나무에게 길을 묻다

짙은 안개를 뚫고, 주산지 검은 수면 위를 솟아오른
왕버드나무
죽은 시간의 냄새마저 향기롭게 피워 올리는 그 뿌리
의 체온 뜨겁다

붉은 전언처럼, 잎들이 떨어진다

귀를 세운 나무가 듣고 있는 소리는 금방 과거가 되어
버리는
지금, 우리의 이 허망한 애착이 아닐까

잔손금 가득한 손바닥을 대본다
반 백 년도 채 못산 철없는 손바닥이 닿자, 가지는 움
찔한다

나무에게도 영혼이 있다고 했던가
그때 내가 만진 것은
검은 팔뚝의 딱딱한 껍질이 아니라 오랜 시간의 결이

었다

햇볕과 바람, 떨어지는 빗줄기를 한 오백 년 받아먹은 왕버드나무
지금 제 속으로 길을 내고 있는 중이다

먼 길 더듬어 시큰거리는 발목들 저수지 둑 가에 오래 서성거린다

독도에서는 갈매기도 모국어로 운다

독도에서는 갈매기도 모국어로 운다
가갸거겨 뱃전에서 모음과 자음으로 끼룩대다가
ㅅ ㅅ ㅅ 커다란 날개 저으며 저희들끼리 대오를 이룬다

동쪽에서 떠오른 해가 맨 먼저 어루만지는 한반도의 등대
독도의 깨진 정강이를 쓰다듬는 파도의 울음 하도 간절하여
빳빳하게, 조선의 팔뚝 힘으로 흔들리는 풀잎들
섬의 젖꼭지를 물고 있던 섬말나리꽃 다홍색 입술이 짜다

새들이 죽을 때 제 고향으로 머릴 두는 것처럼
그리운 것들을 향해 제 그늘을 내어주는 해송처럼

저녁이 오고

독도는 바람의 결이 빚어낸 바위의 모진 角을
지긋이 한반도 쪽으로 기울이다가, 분연히
다시금 홀로 일어서는 것이다

무섬별곡

봄

강물이 먼저 눈 뜬다
천년의 달빛 내려앉아 금모래 뿌리고
청산을 휘돌아 불어오는 이른 바람
시린 강줄기 베고 돌아눕는다
두리기둥 난간에 반만 숨은 색시처럼
닫힐 듯 열리는 귀 모으면
오래된 회화나무 가지 끝에 새잎 틔우는
우주의 내밀한 저 숨소리, 따스하여라

여름

산비알 기어오르는 도라지 청보라빛 꽃무리
海愚堂 툇마루 끝에 떨어지는 햇살
돌담 위에서 단물 쟁이던 단호박 둥근 어깨
밤이면, 저마다 하늘 집으로 돌아가
별이 되어 빛나는지, 총총
백발의 종부와 두런거리며
뜨건 모래밭에 누워, 세파에 젖은 몸들

밤 깊도록 무섬에서 별을 헤인다

가을

정처 없는 날이면, 그곳으로 가리
시나브로 마른 창호지 같은 잎들, 지는 사이
무섬하늘 별빛들 조금은 성글어졌느냐
如如히 흐르던 강줄기 하마 수척해지는데
노을 태우던 저녁 숲은 또 얼마나 붉어졌느냐
긴 세월 건너와 홀로 의연한 선비처럼
텅 비어서 충만한 저 들판처럼
梅花落地 물 위의 섬엔, 가을이 깊다

겨울

그리운 님 오신다는 기별에
밤새 서쪽 하늘 환해지더니
아득히 퍼붓는 폭설
먼 산 청솔 숲에 만 마리 학이 내려앉았네
저리도 고고한 무섬이여

사라질 듯 나타나는 한 폭의 세한도
눈썹 끝에 매달린 눈으로는 못내 아쉬워
오늘은, 먼눈으로 바라보겠네

고요와 소요 사이

고요와 소요 사이에 내 마음이 있다
밤새 하염없는 빗소리 뒤척였는데 물속처럼 가라앉은 아침이다

창문을 열자, 일제히 소리들 밀려온다
빗줄기는 여전히 긴 끈 놓지 않고 밤새 줄줄이 기립하고 있었다

여전히 비는 밤을 달려와 아침까지 내리는데
잠결에 닫은 창문 적막 속에 나를 가두고 있었던 거다

내 마음 하나 닫으면 세상이 고요하고 당신이 고요하고
生이 고요한 것이라고 늦장마가 주절주절 가르쳐 주고 있었구나

빗소리 경전 받아 적는 마음 조급해진다
저 질긴 끈 놓칠세라 아침부터 나는 노심초사다

장미

이보다 아름다운 상처
어디 있을까
이보다 더 두려움 없는 사랑
어디 있을까

홍방울새 울음소리
현 위의 비명처럼
벼랑 끝에 선 시간처럼

| 해설 |

소소한 것들에 대한 간절함

손진은(시인·경주대 교수)

강문숙이 종이컵에서 생의 따뜻한 온기와 촉기를 발견했던 것이 새삼 떠오른다. 종이컵은 "허름한 중년처럼/앉아있는 자판기"가 낳은 것이다. 그것은 암탉의 항문으로 나온 달걀과 벌의 항문을 거쳐서 피어난 옥잠화와 함께 "쿰쿰한 엄마를 열고 나온/신생의 애물단지들"(「따뜻한 종이컵」)이었다. 그는 무생물에게서까지 어머니의 몸, 자궁을 발견해내 세상에 젖물리고 싶었던 것이다. 이번 시집에서 강문숙의 그 생명성, 모성은 더 넓고 깊게 확장되고 심화된다. 엄마가 "우주에 없던 존재"인 "주름투성이 얼굴"인 나를 낳고 "단내 나는 입술을 내 볼에 가만히 대었"던 그 날(「생일」)은 '나'의 입장에서는 "꿈에도 모르던 한 여자의 생이 시작되는 걸" 보았기에, "내가 엄마를 낳은 것이다" 새로 시작되는 한 여자의 생은 막 우주 전체의 분자를 바꾸는 것이다. 이 때 '나'와 '엄마'와 '우주'는 트라이앵글로 하나가 되는 꼭지점이며 "나와 엄마와 우주, 서로에게 생일이란 동일한 사건이"(같은 시)라고 그는 말한다. 그건 만족스런 얼굴로 제 새끼의 얼굴을 부비는 일상적인 차원의 모성은 물론 인식론적 차원을 넘어서는 지점이다.

그 빛은 어디에서 오는 걸까? 그는 "진짜 환한 빛은 가슴속에서부터 켜지는 불"(「뉘엿뉘엿」)이라고 한 말처럼 "내 마음을 너에게로 보내고/네 몸이 내게로 오게 하는"(「사랑에 관한 짧은 고찰」) 무수한 과정을 거쳐 시인의 안에서 돋아나는, "마음의 집"이 켜는 "흰빛"(「산책」)이 감지하는 경지일 게다. 필자는 그것을 '간절함' 혹은 '사무치는 진심'이라고 부르고 싶다. 서정시는 아름다운 말로 쓰는 게 아니라 말이 내밀한 진심을 품어 읽는 이를 사로잡는 것이다. 그가 감응하고 교섭하고 해석하는 자연이나 삶의 그 소소한 것들에는 '간절함'이라는 겸손한 시인의 내면의식이 자리잡고 있다.

예컨대 강문숙에게 자연은 성스러운 의미나 인간적인 냄새를 풍기며 다가온다.

오래전, 가만히 살구를 쥐어주던 손바닥 같은

쟁강쟁강, 얇은 놋쇠 종소리 같은
작은 잎들 가만히 흔들어댄다

살구나무 아래로 세상 모든 저녁이 다 내려앉는다
살구나무 실루엣이 저녁 불빛처럼, 고요히
환해지다가 닫히기를 반복한다
(……)
살구나무 잎들은 살색이다
살구색은 아득한 거리에서 손짓하는
마음으로 읽어내는 소리다
—「살구나무 아래서」 부분

어라, 의자가 날아가네
흔들흔들, 의자가 허공에 뜬다
아슬아슬, 가로수 잎들 스친다
휙휙, 휘파람 불며 들판을 가로지른다
다릴 꼬고 앉아서, 구름 의자
길게 담배 연기 내뿜는다

돈 워리 비 해피!

남루한 세간살이로 가벼워진
이삿짐 트럭이 덜컹거리며 국도를 달린다
어디엔가 다시 머물러야 할 각오로

단호해진 가장의 옆얼굴을, 뜨겁게
가로수들이 혓바닥으로 핥고 있다

—「구름 의자」 부분

'간절함'이 아니라면 가닿을 수 없는 세계다. 「살구나무 아래서」에서 입동 무렵 살색 살구나무 잎사귀들이 오래전 가만히 살구를 쥐어주던 손바닥 같은, 놋쇠종소리 같은 작은 잎들을 가만히 흔들어댄다. 그건 아득한 거리에서 손짓하며 우리를 부른다. 그 아래로 세상 모든 저녁이 다 내려앉고 저녁 불빛처럼 환해지다 닫히기를 반복한다. 시인은 살구나무를 안락과 평화가 깃든 성스러운 풍경으로 잡아내는 것이다. 반면 「구름 의자」는 인간의 일에 자연이 끼어든다. 트럭에서 의자가 날아가 허공에 떴다가 가로수 잎을 스쳤다가 들판을 가로지른다. "어디엔가 머물러야 할 각오로/단호해진 가장의 옆얼굴을" 가로수들이 혓바닥으로 뜨겁게 핥는다. "돈 워리 비 해피!" 위로라도 하듯이. 이어지는 "네 다리가 버둥거리는/의자를, 구름이 한입 덥석 베어 문다"는 구절은 가장을 배려한 위트일 것이다. 때로는 성스럽고 때로는 인간적인 모습의 자연으로 인하여 강문숙의 시들은 더욱 풍요로워지고 내밀해졌다. 심지어 그가 자연에 온전히 몸을 맡겼을 때의 모습도 지극히 아름답다.

그 숲에는 초록이 초록을 안고 달린다
달리다 머뭇거리는 지점에 자욱하게 장맛비 쏟아진다

온통 빽빽한 초록의 門中

사계절 깊은 초록의 곡진함에 소나무는 굽은 등 편다
그 곁에서 감히 상수리나무 초록은 들뜨지 않으면서 짙어 간다
은초록을 입고 있는 자작나무 잎들 먼 손짓은 높은 허공을 향해
작은 바람에도 개별적으로 흔들린다

그 흔들림의 중심에는 초록이 있어 천지간에 휘갈겨 쓴 붓질장서다

내리꽂히는 바늘을 피해 초록은 몰려가도 제자리다
여름비를 霖雨라 불렀던 이유가 분명해진다

몰래 날개 털며 우기를 견디는 숲새들
내 속에 빽빽하던 말들도 바깥으로 나오려는지 신열 앓던 지난 밤

저 숲의 나무들에게 무슨 형용사가 필요하겠나
그저 초록 초록 일가를 이루고 있다가 내리꽂히는 빗줄기에 젖다가

반짝, 햇살 쏟아질 때면 몸 뒤틀어 물기를 터는

저, 초록 서사시

—「초록 문중에 들다」 전문

숲은 막 생성되고 짙어지고 무르익어가는 초록의 문장들로 부산하다. 그것을 시인은 초록이 초록을 안고 달린다고, 달리다가 머뭇거리는 지점에 장맛비가 쏟아진다고 한다. 햇살에 몸피를 키우다가 성장을 막는 상황에도 가끔씩 당도하는 숲의 모습이라 봐도 되겠다. 숲이 아름다운 것은 개별적으로 다른 초록의 층위를 갖고 있기 때문이다. 예컨대 소나무는 사계절 한결같이 깊은 빛으로, 상수리나무는 들뜨지 않으면서 짙어가는 초록으로, 자작나무는 작은 바람에도 개별적으로 흔들리는 은초록으로 다양한 초록 문중이 어울려 하나의 숲을 이루고 있다. 각자의 몸이 천지간에 휘갈겨 쓰는 붓질장서로 부산하면서도 그 형체를 남기지 않는다. 내리꽂는 바늘(비)에도 여전히 제자리인 초록들이기에 지치지도 않는다. 그 때 시인이 '간절함'으로 발견한 것들은 또 날개를 털며 우기를 견디는 숲새들이다. 그때 시인은 문득 깨닫는다. 지난 밤에 앓았던 신열이 내 속에 빽빽하던 말들이 바깥으로 나오려는 것이었지. 초록 문중, 숲으로 차를 몰았던 이유도 거기 있었구나. 시인은 비에 젖다가도 햇살에 몸 뒤틀어 물기는 터는 반짝이는 서정시를 추구하고 있었음을 몸으로 체득한다. 이 시는 치열성, 다양성, 항상성, 향일성이라 이름붙일 만한 시인이 애호하는 언어의 방향을 예감케하는 지점도 아울러 거느리고 있음을 알겠다.

강문숙의 '간절함'이 가닿은 동사는 아마 '무너진다', '어두워진다'는 말이다. 그 중에서 전자의 시편을 살펴보자.

무너지는 것들은 아름답다

이윽고 태양이 서쪽으로 무너질 때 노을은 절정이다
언젠가 내가 가만히, 당신에게로 무너질 때 그 사랑이 절정이었던 것처럼
(……)
절해고도를 넘어가던 바람이 비로소 무너지는 평원에
파르르, 일제히 쏟아지는 별처럼 흔들리는 풀꽃들

글썽이는, 우주의 저 속눈썹 하나
그 눈짓의 의미를 읽어내기 위해 시인은, 기꺼이 무너지는 사람이다

모든 무너지는 것들의 목소리는 간절함으로 이루어지는 것
이어서
그 음계는 다만, 낮은음자리에 속한다
—「아, 저 무너지는 것들」 부분

무너진다는 것은 합리적이고 이성적인 사고와 감정이 깨어지는 것에서 발생한다. 그건 균형을 잃을 정도로 밑에서부터 기운다는 것이다. 인간을 포함한 세상 만물은 무너지면서 사무치고 깊어진다. '무너지다'라는 말은 강문숙이 가장 좋아하는 동사 목록일 것이다. 그 동사는 인간("내가 가만히, 당신에게로 무너질 때 그 사랑이 절정이었던 것처럼"), 자연("바람이 비로소 무너지는 평원에/파르르, 일제히 쏟아지는 별처럼 흔들리는 풀꽃들"), 우주("태양이 서쪽으로 무너질 때 노을은 절정이다", "글썽이는, 우주의 저 속눈썹 하나/그 눈짓의 의미를 읽어내기 위해 시인은, 기꺼이 무너지는 사람이다")까지 다 거느린다. 무너진다는 것은 "생의 가파른 길 위에서 무너지지 않으려 애쓴 흔적" 뒤에 나타나는 내밀한 것이어서 "모든 무너지는 것들의 목소리는" 다만 "낮은 음자리"라고 말한다. 이 무너짐의 동사는 그런 만큼 간절하고 깊다. 그것은 필연적으로 사랑이라는 지점으로 향하기 때문이다. 겨울 밤 흔하게 목격하는 처마의

고드름을 누군가를 향한 사무친 그리움이라는 상징으로 읽은 다음 시는 특히 주목을 요한다.

한밤중에 느닷없는 통증, 필시 심장 근처에 있던 나의 혈관을 그에게 내어주었기에 한 번씩 그 피가 뜨거워질 때의 생리주기가 돌아오는 모양이다

구절양장 내 안을 흐르다가, 어느 겨울 아침 창을 열었을 때
하늘의 기울기로 단호하게 빗금 치며 배반을 꿈꾸는 물의 결정

내 몸은 글썽이며 빗금 따라 뜨겁게 꿈틀대다가 급기야 천길 낭떠러지로 곤두박질치며
급, 강, 하!

어쩌랴, 그 지극함으로 얼어붙은 몸이 잘게 부서져 저리 투명하게 매달리다니

십이월의 하늘을 처마 밑으로 끌어당겨 한 땀 한 땀 꿰맨 후에야, 안심한 듯
겨울은 두툼한 솜이불 덮고 천천히 깊어간다

그런 밤에 누군가 그립다, 그립다, 되뇌어 보면서 결빙의 고요 속으로 아득해지다가

끝내, 가슴 한복판을 찔린 적 있다

떨어지려는 힘과 솟아오르려는 의지가 결탁하여 빚어낸 저 단호한 말들 사이
얼어붙은 손가락으로 하늘은 깍지 끼고 있다

—「고드름」 전문

한밤중 느닷없는 통증으로 나는 아프다. 그건 "심장 근처에 있던 나의 혈관을 그에게 내어주었기"에, 즉 내 진심을 그에게 다 주었기에 나타나는 아픔이다. 그 때 자연은 고드름은 내 안에 흐르는 피를 "하늘의 기울기로 빗금치며 배반을 꿈꾸는 단호한 물의 결정" 고드름을 낸다. "내 몸은 빗금을 따라 천길만길 낭떠러지로 급,강,하!"하여, "잘게 부서져 투명하게 매달"리는 걸 어찌할 수가 없다. 간절함이 이렇게 크니 십이월의 하늘을 처마 밑으로 끌어당겨 꿰멘 후에야 겨울은 두툼한 솜이불, 눈을 덮고 천천히 깊어갈 수 있다. 그것도 모르고 그런 밤에 그립다 그립다 되뇌며 결빙의 고요 속으로 아득해지는 "누군가"는 느닷없이, "가슴 한복판이 찔"리기도 한다. 그건 그리움의 깊이를 품은 "단호한 말들"이기도 해서 하늘조차도 얼어붙은 입으로 침묵할 수밖에 없다. 매우 견고한 틀을 가진 시들을 지나 강문숙은 쉽

고도 내밀한, 그러나 '간절함'의 극치에 이르는 사랑의 시편에 도달한다.

의자는 그릇이다, 흔들리면서 누군가의 몸을 담는다

그저 겸손히 받아들이면서 그의 생을 한순간 안아보는 것인데
설레임보다는 예고 없이 쿵, 떨어지는 심장 같은 것일 때가 많다

한 생이 담겨진다는 것은 희로애락의 지난한 은유일 뿐
오랜 시간 흘러왔을 내밀한 그리움과 고독, 또는
숨 가쁘게 걸어왔던 순간들이 버무려져 의자는 보이지 않게 우묵해진다

삐걱삐걱삐걱, 그래그래그래(여자도 오랫동안 그릇이었으니)

저 소리는 한 생의 무게를 다 읽어낸 흐느낌이 배어 있는 그릇이
마음의 흔들림을 빙자하여 제 속에 고인 울음을 다스리려는 방편이 아닐까

저녁이 되는 것도 모르는 채 흔들의자와 여자는 오롯이 한

몸이다
한 생을 다한다는 것의 숭고함이란 누군가의 몸을 담아 보아야 안다

한 때 아이를 담고 있던 그 여자의 자궁처럼, 의자는
거실 한 귀퉁이에서 비스듬한 자세로 고요하게 어두워진다

—「고요한 그릇」 전문

의자는 그릇이다. 흔들리면서 누군가의 몸을, 생을 담고 안는다. 의자가 가장 많이 안는 것은 그러나 설레임보다 "예고 없이 쿵, 떨어지는 심장 같은 것"이다. 그 공감과 연민으로 의자는 같이 흔들리고 몸을 받아들이는 것이다. 의자가 보이지 않게 우묵해지는 것도 그리움과 고독, 숨가쁘게 걸어왔던 순간들이 버무려졌기 때문이다. 그게 바로 '간절함'이 가닿은 깊이다. 그러기에 그 그릇은 착한 그릇이라기보다는 품이 넓은 그릇이다. "삐걱삐걱삐걱"하는 소리는 어느덧 "그래그래그래" 끄덕이며 어느 육체든 받아들여 품어 안겠다는 품 넓은 공감과 연민의 감응으로 번져간다. 그러나 때로 타자와 공감하면서 의자 그도 제 속에 고인 울음을 다스린다. 단독자로서 존재론적인 고독이 없을 수 없기 때문이다. 시인은 의자를 한 때 아이를 담고 있던 그 여자의 자궁이라 한다. 그래서 '의자'는 발음마저도 '여자'를 닮았구나. 그

들은 그렇게 생의 "저녁이 되어가는 것도 모르는 채" 숙연하게 한몸이 된다. 거실 한 귀퉁이에서 홑혼녘의 의자는 비스듬한 자세로 고요하게 어두워진다. '의자'와 '여자'를 나란히 읽어보면 한없이 쓸쓸하고도 처연하다. '간절함'의 지점에서 이 시는 「생활의 발견」이라는 시와 짝을 이룬다.

> 분명해지던 사물들의 찬란함이 스스로 제 몸의 윤곽을 지울 때까지가
> 생활이다
> 그것은 늘 가만히, 라는 말의 모호함으로부터 시작된다
>
> 생활은 이런 삶과 죽음의 경계에 서서
> 소소한 것들의 소리를 귀담아 듣는 일이다
>
> ―「생활의 발견」 부분

필자는 이 시를 '간절함'의 꼭지점에 해당하는 시라고 본다. "분명해지던 사물들의 찬란함이 스스로 제 몸의 윤곽을 지울 때까지가/생활이다." "생활은 이런 삶과 죽음의 경계에 서서/소소한 것들의 소리를 귀담아 듣는 일이다"라는 이제까지 누구에게도 들어보지 못한 생활에 대한 정의도 정의려니와 "가만히, 라는 모호함"이 가진 확산성과 내밀성 때문이다. 그것은 생활에 대한 정의

에서 함축되어 있듯이 은밀히 저물어가는 생과 연결되어 있다. 필자가 주목하는 것은 "분명해지던 사물들의 찬란함이 스스로 제 몸의 윤곽을 지울 때까지가/생활이다."라는 문장에서 "스스로"라는 말의 함의이다. 강문숙은 죽음에 가까워진 사물과 인간에게서 "자발적으로" 제 몸의 윤곽을 지우는 존재들을 체득하고 있는 것이다. 그것은 당연히 "소소한 것들의 소리를 귀담아" 들었기에 가능했다. 시인이 바라보는 자연이나 삶의 그 소소한 것들에는 '간절함'이라는 시인의 내면의식이 자리잡고 있다. 시인이 사물들과 자연, 우주에 대한 사랑을 노래한 것도 극단의 "경계에 서"는 이런 시인만의 내밀한 깊이와 철학에 도달하기 위한 과정이 아니었을까 생각하니 먹먹해진다.

만인시인선 59

신비한 저녁이 오다

초판 인쇄 2017년 5월 15일
초판 발행 2017년 5월 20일

지은이 / 강 문 숙
펴낸이 / 박 진 환

펴낸 곳 / 만인사
출판등록 / 1996년 4월 20일 제03-01-306호
주소 / 41960 대구광역시 중구 명륜로 116
전화 / (053)422-0550
팩스 / (053)426-9543
전자우편 / maninsa@hanmail.net
홈페이지 / www.maninsa.co.kr

ISBN 978-89-6349-101-1 03810

값 9,000원

* 이 도서의 국립중앙도서관 출판시도서목록(CIP)은 서지정보유통지원시스템 홈페이지(http://seoji.nl.go.kr)와 국가자료공동목록시스템(http://www.nl.go.kr/kolisnet)에서 이용하실 수 있습니다(CIP제어번호 : CIP2017010824).

* 이 책은 2017 대구문화재단 개인예술가창작지원으로 출간되었습니다.
후원 : 대구문화재단, 대구광역시, 문화체육관광부

만/인/시/인/선

1. **이하석** 시집 | 高靈을 그리다
2. **박주일** 시집 | 물빛, 그 영원
3. **이동순** 시집 | 기차는 달린다
4. **박진형** 시집 | 풀밭의 담론
5. **이정환** 시집 | 원에 관하여
6. **김선굉** 시집 | 철학하는 엘리베이터
7. **박기섭** 시집 | 하늘에 밑줄이나 긋고
8. **오늘의 시 동인** | 「오늘의 시」 자선집
9. **권국명** 시집 | 으능나무 금빛 몸
10. **문무학** 시집 | 풀을 읽다
11. **황명자** 시집 | 귀단지
12. **조두섭** 시집 | 망치로 고요를 펴다
13. **윤희수** 시집 | 풍경의 틈
14. **장하빈** 시집 | 비, 혹은 얼룩말
15. **이종문** 시집 | 봄날도 환한 봄날
16. **박상옥** 시집 | 허전한 인사
17. **박진형** 시집 | 너를 숨쉰다
18. **정유정** 시집 | 보석을 사면 캄캄해진다
19. **송진환** 시집 | 조롱당하다
20. **권국명** 시집 | 초록 교신
21. **김기연** 시집 | 소리에 젖다
22. **송광순** 시집 | 나는 목수다
23. **김세진** 시집 | 점자블록
24. **박상봉** 시집 | 카페 물땡땡
25. **조행자** 시집 | 지금은 3시
26. **박기섭** 시집 | 엮음 愁心歌
27. **제이슨** 시집 | 테이블 전쟁
28. **김현옥** 시집 | 언더그라운드
29. **노태맹** 시집 | 푸른 염소를 부르다
30. **이하석 외** | 오리 시집